Strukturierte Lauttabelle zur Umi-Fibel

Cornelsen

FABIAN

Illustration: Dorothea Tust

ISBN 978-3-464-80127-7

Cornelsen

Alphabetische Lauttabelle zur Umi-Fibel

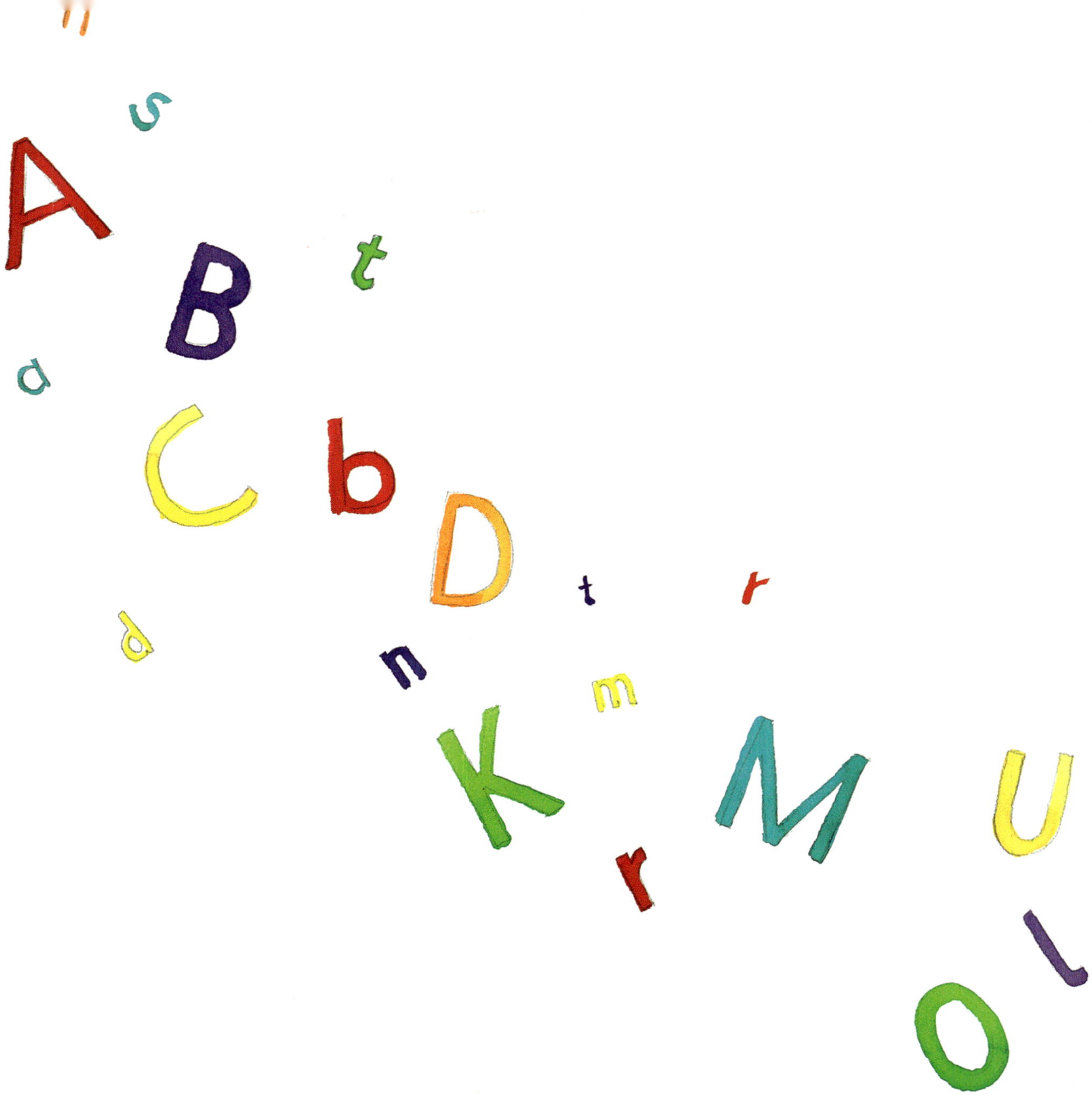

Die Umi-Fibel

Erarbeitet von

Martina Schramm

Ruth Thiele

Ursula Ricke

Beratung

Ellen Riederer-Hecht

Silke Thiel

Sylvia Zimmermann-Budniak

Illustration

Dorothea Tust

Cornelsen

Umi
M I M I
Der Riese Anton

Zum Vorlesen

„Endlich darf ich auch in die Schule!“, denkt Umi. Er freut sich schon auf den nächsten Tag. Dann wollen Uli und Lena ihn abholen und ihm ihre Schulklasse zeigen. Umi ist schon mächtig gespannt und sehr aufgeregt. Dass ein Bär mit Kindern in die Schule gehen darf, ist ja doch ungewöhnlich.

Umi überlegt, was er in der Schule alles brauchen wird. Die Schultasche ist das Wichtigste. Da kommen Bücher und Stifte hinein. Was wird er noch brauchen? Einen Wecker, damit er weiß, wann die Schule zu Ende ist? Umi legt seinen bunten Wecker in die Schultasche. Er packt noch mehr Sachen ein: seine Zahnbürste, die Sonnenbrille, das Spielgeld vom Kaufladen, die Badehose mit den gelben Punkten, die aufblasbare Ente, ein Mensch-ärgere-dich-nicht-Spiel und drei Lollis, die er für besondere Tage aufgehoben hat. So! Umi ist zufrieden. Jetzt fehlt nur noch ... Natürlich, seine Mimi muss auch mit. Mit Mimi kann man so schön kuscheln und sie soll auch sehen, wie es in der Schule zugeht ...

U u  

Umi

P
POLIZEI
STOP
H
zu
vermieten
SUPERMARKT
NEU
Umleitung

P
STOP
H
SCHULE
Umleitung
Umi

M m Mimi

Los , Mimi !

Was ist , Umi ?

Mimi , komm mit !

…

I i   ist

Umi ist  .

Umi ist im  .

Mimi ist im  .

Umi ist im  .

Umi ist im  .

Mimi ist ...

Umi ist  .

Umi ist im  .

Mimi ist im  .

Ist ... ?

Ist Mimi im  ?

Ist Umi im  ?

Umi ist im  .

A a 

Mama

Mama ist am  .

Mama ist im  .

Mama ist am  .

Mama	Mama ist am  .
Mia	Mia ist am  .

Am  ist Mia .

Mama , Mama !

Mia ist im  .

Papa ist im  .

Nun ist Papa da .

Mias Papa ist nett .

Er nennt Mia oft Mimi .

Mimi , was ist los ?

T t 

Tim ist mit Umi am .

Tim mit Umi – Umi mit Tim

Tim rennt los.
Mama ruft:
Halte an, Tim!
Umi ruft:
Am  *soll man …*
Was soll man denn?

Mia ist am  .
Im  ist Uta.

Alles klar ?

Umi

Umi im 

Uta

Uta im 

Mimi

Mimi am 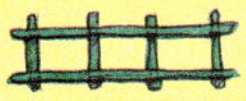

Umi ist im .

Mama ist am .

Ist Uta im  ?

Ist Tim am 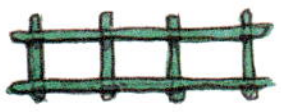 ?

Am 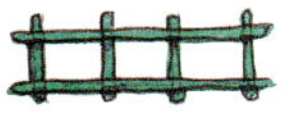 ist …

im in Mimi am in Mama

im in Tim am in Mami

Mia mit 

Mut, Mia, Mut!

S s

Susi

Susi ist am  .

Susi mit 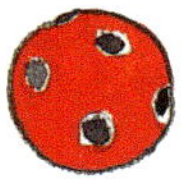

Susi ist am  .

Su

Susi

Susi

mit 

Susi in der Sonne
Susi in der Tonne
Susi hier
Susi dort
Susi fort

O o  

Oma ist am 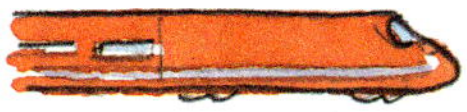 .

Timo mit , Tim mit Mio

Mio ist Timos  .

Los , Mio !

Gib das her !

Das ist Timos Karte .

Komm , Mio !

So ist es gut !

L l 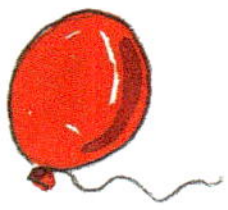

Umi – mal so , mal so

Ali malt .   Uli malt .   Lisa malt .

Ali malt Umi mit  .

Uli malt Umi im  .

Lisa malt Umi mit  .

Malt Timo Umi mit Lama ?

A	U	Li	Ti	La
Ali	Uli	Lisa	Timo	Lama

Umi malt.
Da kommt Susi.
Susi malt mit.
Nun ist alles bunt.
Susi findet das toll.
Findet Umi das toll?

N n

Lamas

Lisa ist mit Nils am  .

Umi soll mit , Simon soll mit .

Lisa nimmt Umi mit .

Nils nimmt Simon mit .

Das Lama ist
eine Art der Kamele.
Es frisst gern Gras.
Es kann gut
Lasten tragen.
Lamas haben Wolle.

E e

Mit Emil am See

Emil ist Lenas Emu.
Lena ist mit Emil
am See.

Nun ist Umi am See.
Umi nimmt Emil.

Nun ist Emil im See.
Emil ist so nass!

Emu Emil Lena

Lena ist mit Emu Emil am See.

Tante Anne ist
mit Lena am See .
Am See ist Sonne .
Nun soll Umi
mit Lena lesen .

Tomaten — Tomiten

Salami — Salemi

Salate — Salute

Da ruft Tante Anne :
Lena , komm essen !
Los , Umi , essen ! , ruft Lena .
Was essen wir denn ? ,
will Umi wissen ,
Salumi mit Tometen ?

Alles lesen

Namen

Nase

Tante

Sonne

Tassen

Tomaten

Melonen

Emu

nennen

tasten

malen

messen

sammeln

essen

testen

lesen

Alle essen Tomaten .

Mama sammelt Tassen .

Oma testet Melonen .

Namen sammeln

Ei ei 

Im Ei

Ist ein  im Ei ?

Ist eine  im Ei ?

Nein , nein !

Im Ei ist ein  .

Ist ein  im Ei ?

Ist eine  im Ei ?

Nein , nein !

Im Ei ist eine  .

Ist eine Ente im Ei ?

Ist ein  im Ei ?

Ist eine  im Ei ?

Nein , nein !
Im Ei
ist eine  .

Das ist ein buntes Ei .
Und was ist darin ?
Ist es ein Dino ?
Das musst du lesen .
Es ist toll !

W w

Was ist los ?

Willi ist Timos Welli .

Was ist los mit Willi ?

Ist Willi etwa tot ?

Willi ist in Not .

Tim und Timo weinen .

Mama will wissen ,

was los ist .

Was ist los ? Ist Willi etwa in Not ?

Alle wollen wissen , was los ist .

Wut

Uta malt mit Ina .

Uta malt einen Wal .

Malt Ina Wolle ?

Nun will Ina Utas Wal .

Uta : Ina , lass es !

Ina : Nein , meins !

Uta : Nein , lass los !

Ina : Nein , nein !

Uta hat Wut .
Immer will Ina
alles haben .
Ina hat Wut .
Immer ist nur alles toll ,
was Uta tut .

R r

Reime

Umi will mit Murat ,
Lara und Ronni reimen .
Murat reimt : „ See – Tee . “
Lara reimt : „ Rolle – Wolle . “
Ronni reimt : „ Rot – tot . “
Nun reimt Umi .

Reim	Rolle	Tonne	Lose
Leim	Wolle	Sonne	Rose

Sonne	Not	Reiter
□onne	□ot	□eiter

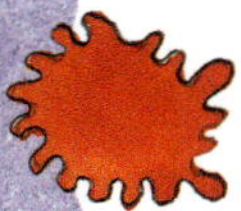

See	Reise	Teil
□ee	□eise	□eil

Tim ist in der Sonne .
Ein Wurm ist an der Tonne .
Mama ist am See .
Der Papa will nur Tee .
Umi ist so nett .
Butter ist so fett .
Opa holt eine Leiter .
Wir reimen immer weiter .

Was wir tun

Wir reiten .

Alle reiten an einem See .

Wir teilen .

Alle teilen eine Melone .

See

Tee

Wir lesen leise .

Alle lesen leise Reime .

Sonne

Tonne

Wir malen .

Alle malen nun ein Wort .

Male mit !

Lesen , raten

Was ist es ?

Wenn es
rot ist ,
muss man
immer warten .

Was ist es ?

Es rollt .
Es rollt leise .
Ist es ein Roller ?
Nein .
Einer ist im Sattel .
Er muss treten .

Was ist es ? Im Sommer summt es immer so sssSsssSSSsSsssssssssSsSsssssSsssSsss

Was ist es ?

Im Sommer
wollen es alle essen .
Im Winter essen
es alle selten .

D d 

Dosen und Ideen

Andi sammelt Dosen .

Sollen deine Dosen in eine Tonne ?

Nein , Umi !

Was sollen wir denn damit tun ?

Warte mal , Umi !

Andi malt seine Dosen an .

Das werden nun tolle Dosen !

Dann nimmt Andi ein Seil .

Das sind Lenas Dosen.

Das sind Lisas
und Tims Dosen.
Was ist mit Umis Dose los?

Das ist Mamas Idee.

Mama hat eine gute Idee. Nimm dazu

- eine leere Dose,
- Hammer und Nagel,
- ein Teelicht.

⚠ Lass dir helfen!

ie

Riese Anton

Es war einmal ein Riese,
ein netter Riese.
Sein Name war Anton.
Er war immer
mit den Tieren
im Wald.

So, so!
Das ist also
der Riese!

Einmal war das Wetter so mies. Und es war etwas wie Donner im Wald.

Was war das nur?

Riese Anton nieste und nieste.

Immer wieder!

Was war los mit Anton?

Der arme Riese Anton war leider krank.

Er hatte Fieber und musste immer wieder niesen.

Da kam der Riese Samson.

Er hatte Saft gegen Fieber.

Alles wurde wieder gut.

Au au

Samstag

WDR

6.20 Lokalzeit aus Bonn 7-468-976
6.50 Lokalzeit aus Duisburg 1-866-995
7.20 Deutsche Städte … 7-946-860
7.30 Sehen statt Hören 729-044
8.00 Planet Wissen 532-605
9.00 Cosmo TV Reportage 186-315
9.30 tag7 189-402
10.00 Lokalzeit 180-131
10.30 Aktuelle Stunde 1-498-957
11.10 Sendung mit der Maus 7-934-266
11.40 Die Sendung mit dem Elefanten – mit Elternticker (ab 3) 4-298-518
12.05 Quarks & Co. 4-642-112
12.50 Giraffe, Erdmännchen & Co. In der Ruhe liegt die Kraft 4-308-063

Die Seiten mit der Maus

Diese Maus
ist eine tolle Maus .
Sie ist im  .

Was tut die Maus dort ?

Sie turnt und liest .
Sie malt ein Auto .
Sie saust mit der Ente
um die Wette .
Und rennt und rennt und rennt und rennt und rennt und rennt und rennt und rennt und

Diese Maus
Diese Maus will
Diese Maus will sausen .
Und die Ente saust mit .

www.wdrmaus.de

Das ist die Maus
im Internet .

Ente , Maus und Elefant
sind bekannt im ganzen Land .
Hallo , Kinder ! Hier kommt die Maus .
Mach mal an und auch wieder aus !

Aus die Maus .

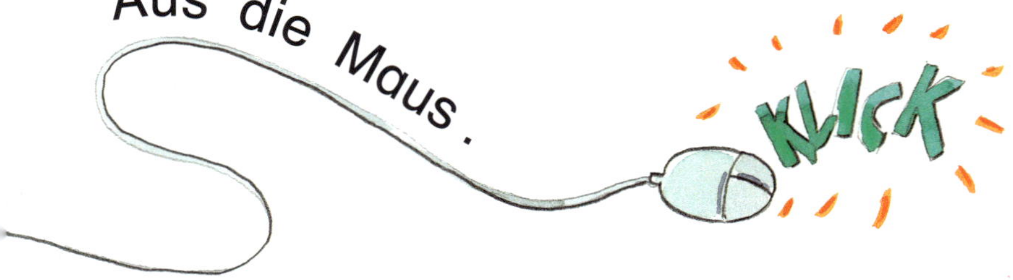

H h

Unser Hund Dasti

Andi wollte immer einen Hund .
Mama wollte nie einen Hund .
Und nun ?

Mama holt diesen Hund
aus einem Heim .
Sein Name ist Dasti .
Dasti rennt nun mit Andi
im Haus herum .

Hunde sind toll .

Dasti ist ein toller Hund .

Dasti will mit Andi im Haus rennen .

Hallo Oma,
das ist Dasti.
Er ist aus
einem Heim.
Dasti hatte eine
Wunde am Hals.
Nun heilt sie.
Dein Andi

Lieber Andi,
Dasti ist toll!
Wie alt ist er denn?
Warum hatte er
eine Wunde am Hals?
Komm mit Dasti mal zu mir!
Deine Oma Hilde

F f

Wer findet Susi ?

Susi ist fort !
Alle rufen Susi .
Isa ruft im Haus .
Mama ruft im Hof .
Wo ist Susi ?
Was soll Isa tun ?

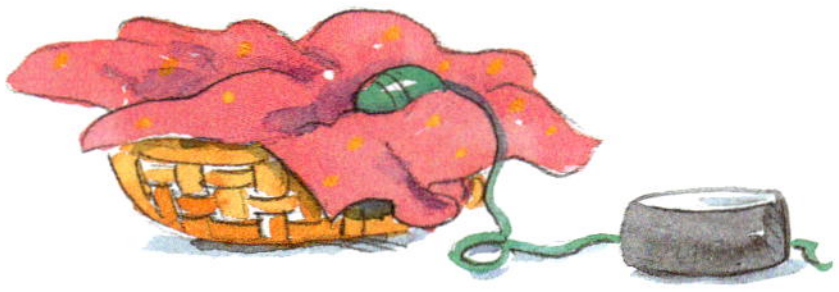

Da hat sie eine Idee .

Wo ist meine Susi ?
Das ist sie :

Wer sie findet ,
soll anrufen .
Telefon : 57 12 04
Isa Moll
Am Ufer 6

Mama will Isa helfen .
Wer Susi findet ,
soll sofort anrufen !

Isa heftet die  an einen 

und an eine  ,

an 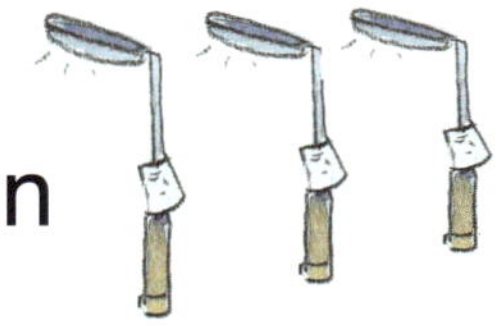 und

an eine  im Laden .

Es dauert eine Weile ,
dann findet Fatima Susi .
So ein feines Tier !
Und dann sieht Fatima
Susis Foto
an einer Wand .

Was nun ?

So ein liebes Tier !
Fatima mag Tiere .
Die Eltern haben ein tolles Haus .
Dort soll Susi leben .
Darf Fatima Susi behalten ?

Ch ch

Die Ich-Seite

Mein Name ist Micha .
Hier seht ihr mich
auf einem Foto .

Ich fahre oft Fahrrad
oder ich laufe
mit dem Hund
durch unser Dorf .

Manchmal lese ich
oder ich male etwas .

Rechnen finde ich
nicht so toll .

Micha will manchmal lesen .

Er will oft mit dem Fahrrad fahren .

Rechnen findet Micha nicht so toll .

Suchen und finden

Leo sucht sein Heft .
Er sucht es auf dem  .
Er sucht es im 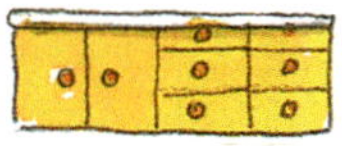 .
Er macht alle  auf .
Das Heft muss doch noch da sein !

Umi sucht auch etwas .
Er sucht ein rotes Tuch .
Es ist sein Halstuch .
Wo ist es nur ?

Da findet Umi auf einmal
ein kleines rotes Auto .
Auch ein Flummi ist unter
dem Sessel . Das ist toll !
Sein Halstuch muss Umi
aber noch immer suchen .

ich
mich
dich
sich
dicht
nicht
Sicht
Licht

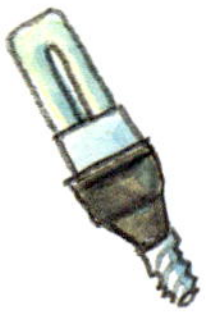

echt
Recht

ach
acht

Nacht
er wacht auf
nach
lachen
machen
Sachen

noch
doch
Loch

suchen
Tuch

Eselchen
Entchen
Liedchen
Tierchen
...

Was ich oft will oder nicht will

Ich will oft nicht
im Haus helfen .

Ich will oft fernsehen .
Das darf ich nicht immer .
Wenn ich den Fernseher
doch anmache ,
ist meine Mama sauer .

Ich will nicht allein sein .

Ich will oft Nudeln essen
oder Milchreis oder Eis .
Salat und Tomaten
esse ich
nicht .

K k 

Kim kommt aus China

In China essen die Kinder andere Sachen als hier. Kims Eltern kochen oft Reis. Kim findet Reis mit Ente toll und sie kann mit  essen. Das Essen mit  lernen alle Kinder in China. Kim kann auch eine Nuss oder ein Ei mit  essen.

Kannst du das auch?

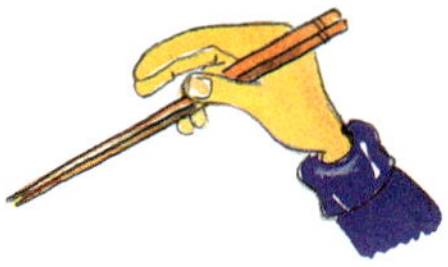

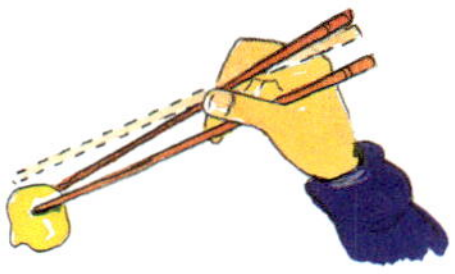

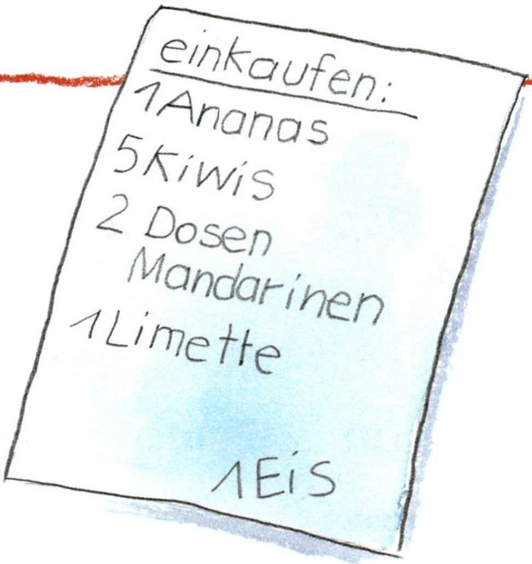

Kim kann einen Salat machen .

Das muss sie noch kaufen :

So macht Kim den Salat :

Auch Melonen oder Bananen passen gut in diesen Salat . Wer keinen Sesam will , kann Erdnusskerne nehmen . Etwas Sahne passt auch gut auf Kims Salat .

B b 

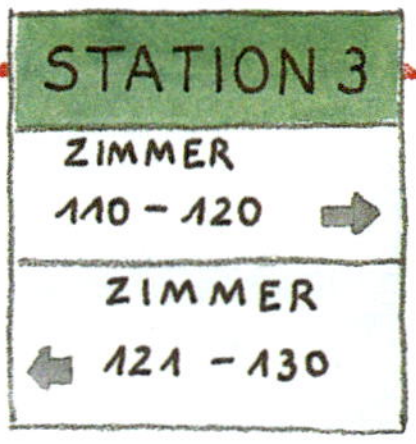

Nils bekommt Besuch

Nils hatte einen Unfall .
Sein Bein tut noch weh ,
aber es wird immer besser .

Was macht Nils ,
bis er nach Hause darf ?
Er bastelt und malt Bilder .
Er liest ein Buch nach dem anderen .
Nils bekommt auch oft Besuch .

Lieber Nils,

hoffentlich bist du bald wieder fit.
Hier ist ein Buch, damit du
lesen, lachen und raten kannst.
Komm bald wieder!

Deine Klasse 1 a

Uta Tina Micha Umi Timo Nicola Nele
Tim Uli Alima Ali Murat
Lisa Lena Andi Mia Simon
Fatima Kim Isa

Für Nils
von deiner Klasse 1a

WITZE

Leo und Gabi fahren Rad.
Nach einigen Minuten hält
Leo an und lässt die Luft
aus beiden Reifen.
„Was soll denn das?“,
fragt Gabi.
Da meint Leo:
„Was für eine Frage!
Mir ist der Sattel zu hoch!“

Sch sch

Kennst du schon das Ekadil ?

Isa und Umi sind
in der Schule
und erfinden Tiere .
Erst malen die beiden
ein Krokodil , einen Elefanten
und einen Kakadu .
Dann nimmt Umi
eine scharfe Schere .
Er bastelt ein kleines Heft .
Und schon kann er
tolle Tiere erfinden .

Schau mal !

Umi meint :
„ Wir malen noch einen Schimmel
und ein Schaf . Oder ein Reh . “

„ Nein , Umi !
Wir brauchen Tiernamen
mit drei Silben ! “

Diese Tiere kannst du
auch gut mischen :

- Murmeltier ,
- Regenwurm ,
- Pinguin ,
- Pelikan ,
- Giraffe ,
- Papagei .

Fallen dir andere Tiere ein ?

G g

Geld gefunden

Die Schule ist aus .

Lena und Simon gehen nach Hause .

Die Kinder wissen nicht ,
was sie nun tun sollen .
Das Geld ist ein toller Fund
und beide gehen gern einkaufen .
Aber sollen sie nicht lieber
Frau Giese anrufen und
ihr die Tasche geben ?

P p

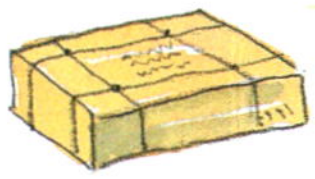

Was passiert nun ?

Umi und die Kinder
sind auf der Treppe im Garten .

„ Sollen wir in den Park fahren ? “ ,
fragt Uli die anderen .
„ Keine Lust ! “ ,
sagen Isa und Simon .
„ Sollen wir Paul besuchen ? “ ,
fragt Nils .
„ Paul ist in Polen ! “ , ruft Isa .
Da hat Umi eine Idee :
„ Ich hole einige Sachen .
Ihr sollt mir sagen ,
ob sie schwimmen oder nicht . “

Die Kinder sind auf der Treppe im Garten .

Umi will einige Sachen holen .

Was passiert nun ?

Umi holt ein Paket .
Darin sind diese Sachen :

ein Pinsel  , eine Tomate  , ein Korken  ,

ein Radiergummi  , ein Tennisball  ,

eine Kartoffel  , ein Lineal  , ein Nagel  .

Was schwimmt ?

Was schwimmt nicht ?

Schreibe eine Liste und
kreuze an , was du meinst .

	schwimmt	schwimmt nicht
Pinsel		
Tomate		
...		

Dann probiere es aus .
Alles richtig ? Super !
Sonst bitte berichtigen !

Alles klar ?

Welches Wort passt ?

Alle Kinder haben einen Papa und eine ___ .

 Im Schnee kann man gut ___ .

Einen platten Reifen muss man ___ .

 In der Schule kann man ___ .

Der Pelikan ist ein ___ .

 In der Pause darf man ___ .

Eine Schaukel steht oft im ___ .

 Paprika kann man ___ .

Ein Pudel ist ein kleiner ___ .

 Mit dem Pinsel kann man ___ .

malen, streichen, arbeiten

So ein Unsinn !

Es war einmal ein Papagei ,
der legte oft ein buntes _____ .

Es war einmal ein Schaf ,
das redete im _____ .

Es war einmal ein Huhn ,
das wollte nie was _____ .

Es war einmal ein Schwein
mit einem blauen _____ .

Es war einmal ...

Hahn | Fliege | Bahn | ? | Maus | Hase | Haus | Nase | Wurm | Turm

Ü ü  

Wie war es früher?

Lenas Ur-Oma berichtet,
wie es früher auf dem Land war.

„Schon um fünf Uhr am Morgen
ging die Arbeit los.
Wir mussten die Kühe melken.
Wir mussten die Tiere füttern.
Wir mussten Wasser
aus dem Brunnen holen und
in der Küche das Essen
machen. Oft haben wir Suppe
mit Rüben gegessen.
Alle haben auf
dem Feld gearbeitet."

Die Arbeit auf dem Feld
war mühsam! Heute ist alles
leichter. Für viele Arbeiten
gibt es Maschinen. Hast du
schon einmal gesehen,
wie Rüben mit einer Maschine
gerodet werden?

ck

Glück gehabt !

Uli wird wach .
Er bekommt einen Schreck .
Es ist bald acht Uhr !
Warum hat ihn der Wecker
nicht geweckt ?

Nun muss alles schnell gehen .
Schuhe an , Tasche her !
Wo ist nur die Brille geblieben ?
Egal ! Schnell in die Schule !

Nele sieht ,
wie Uli losrennt .
„ Halt , Uli ,
ein Auto ! “ ,
ruft Nele laut .
So ein Schreck !

Uli bleibt stehen . „ Du kannst doch nicht einfach losrennen ohne zu gucken ! “ , sagt Nele zu Uli .
Auch Uli hat sich sehr erschreckt .
„ Das war knapp “ , sagt er. Seine Beine zittern .

V v  

Alle sind verkleidet

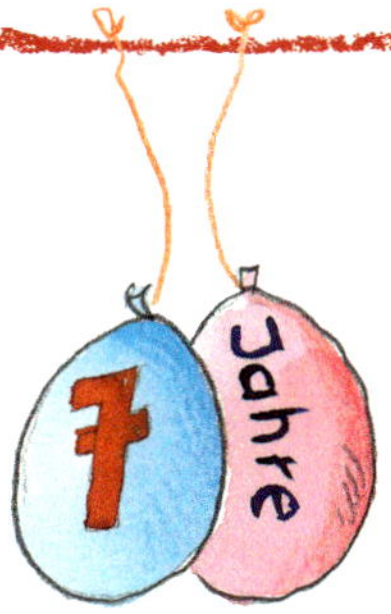

Mia hat viele Kinder eingeladen .
Der Vater holt alle mit dem Auto ab .
Die Kinder haben sich verkleidet .
Timo kommt als Supermann .
Tim ist ein Ritter .
Isa sieht wie eine Dame aus .
Nele ist ein Dalmatiner .

Da kommt noch ein Besucher !
Ist es ein Tier von
einem anderen Planeten ?

Hier klingt **V** oder **v** wie **W** oder **w** .
Lies diese Wörter einmal laut !

- **V**ampir
- **V**ase
- **V**ulkan
- **V**itamine
- **V**ioline
- Lokomoti**v**e
- Kla**v**ier
- No**v**ember
- Ad**v**ent
- La**v**a

Timo kann nicht einschlafen

„Kannst du
auch nicht einschlafen,
kleiner Bär?“, fragt Timo.
Er nimmt ihn fest in den Arm
und schmust mit ihm.
Der Bär schläft ein,
Timo nicht.

Das Äffchen, der Esel,
das Häschen, die Ente,
das Schäfchen und die Puppe
sollen auch in mein Bett,
denkt Timo.
Bald schläft er ein.

Äffchen

Häschen

Schäfchen

Drinnen

Droht draußen das Dunkel,
bin ich drinnen geborgen.
Unter Decken im Bett
will ich schlafen bis morgen.

Wie der Bär in der Höhle,
wie der Vogel im Nest,
hab ich's warm und gemütlich
und schlafe fest.

Ute Andresen

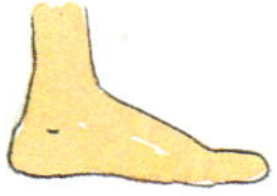

Wie heißen diese Märchen ?

Es war einmal eine alte Geiß , die hatte sieben Kinder . Eines Tages , als die alte Geiß in den Wald gelaufen war , kam der Wolf . Doch die Geißlein ließen ihn nicht in ihr Haus , denn sie erkannten ihn . Da fraß der Wolf weiße Kreide …

Es war einmal ein kleines süßes Mädchen . Eines Tages bekam es von der Großmutter ein Käppchen aus rotem Samt . Von da an hieß es nur noch …

Vor einem großen Wald wohnte ein armer Mann mit seiner Frau und seinen beiden Kindern . Sie hatten wenig zu beißen und konnten eines Tages kein Brot mehr beschaffen . Da brachten die Eltern ihre Kinder in einen großen Wald …

Wer kennt die Märchen und kann sie erzählen ?
- Warum fraß der Wolf Kreide ?
- Wer wollte das kleine Mädchen fressen ?
- Was erlebten die armen Kinder im Wald ?

Lies auch in einem Märchenbuch nach .

Die Sterntaler

Es war einmal ein armes Mädchen.
Vater und Mutter waren gestorben.
Es hatte nur noch die Kleider auf dem Leib
und ein Stück Brot in der Hand.

Da ging das Mädchen in die Welt hinaus.
Es lief über Stock und Stein.
Einem armen Mann gab es sein Brot.
Es gab auch sein Kleid
und sein Hemdchen her.
Und wie es so stand und nichts mehr hatte,
fielen die Sterne wie Taler vom Himmel.

Da war das Mädchen reich
und musste nicht mehr leiden.

Märchen sind oft viele hundert Jahre alt. Menschen haben sie erfunden und immer wieder weitererzählt. Die Brüder Grimm haben später Märchen gesammelt und aufgeschrieben.

Ö ö

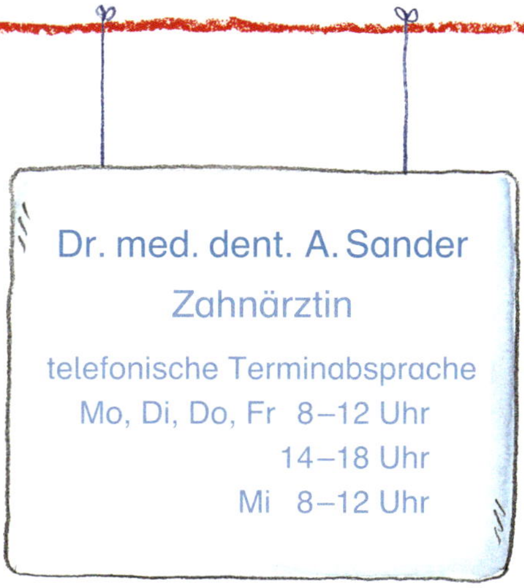

Nur Mut , Lisa !

Umi und Lisa
sind bei Frau Doktor Sander .
Lisa stöhnt und
hält sich die Backe .
Sie möchte nach Hause !

„ Ich kann dir etwas vorlesen ,
wenn du willst “ , sagt Umi .
„ Hier liegt ein schönes Buch .
Es heißt :
Der Löwe und die Maus .
Hör mal , wie ich lese ! “

Umi liest mal **laut** ,
mal liest er leise .
Mal **brüllt** er wie ein Löwe ,
mal piepst er wie eine Maus
in den höchsten Tönen . Lisa lacht .

Ein Loch im Zahn

Lisa wird zu Frau Doktor Sander ins Zimmer gerufen. Diese schaut sich Lisas Zähne zuerst genau an und sagt dann: „In einem Zahn ist leider ein Loch. Ich muss bohren, aber ich bin ganz vorsichtig."

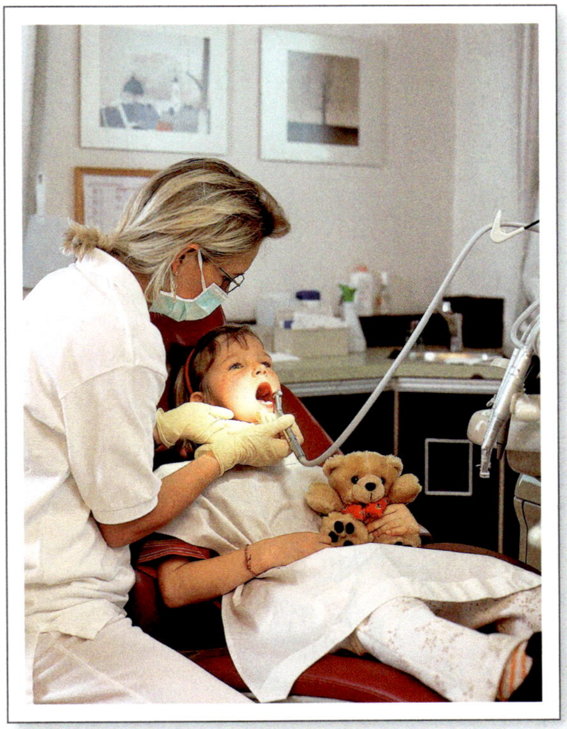

Das Bohren ist ziemlich laut. Es tut aber zum Glück nicht so weh.

Tipps für gesunde Zähne

- nach dem Essen die Zähne putzen
- nicht zu viele Süßigkeiten essen
- Körnerbrot, frisches Obst und knackiges Gemüse essen
- spätestens alle drei Monate eine neue Zahnbürste verwenden

Lauter Flecken !

Leider hat Umi lauter Flecken
auf die Seite gemacht .

Timo kann nicht einschl fen .
Sein kaputter Zahn tut so eh !
Er schaut auf seinen ecker .
Ist es schon so spä ?
Am Himmel stehen die Ster e .
Das sieht oll aus !
Timo macht das icht an .
Dann holt er sein Märchen uch
und liest ein schönes ärchen .
Anschließend wird Timo m de .
Er acht das Licht wieder aus .
Dann schl ft er endlich ein .

Lesen und basteln

Vater

Vater kocht .

Vater kocht nie .

Vater kocht nie Suppe .

Vater kocht nie Suppe mit Rüben .

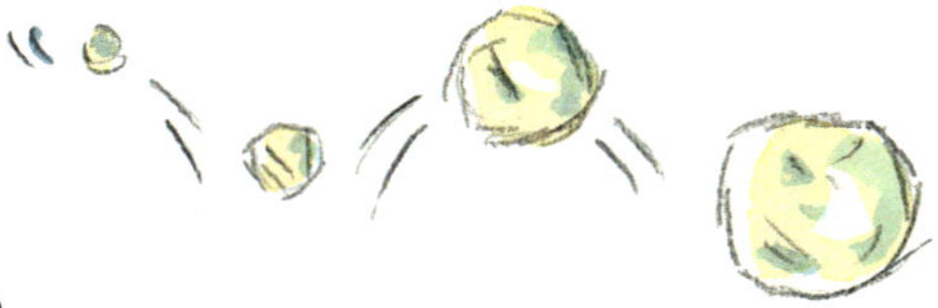

Lisa

Lisa isst .

Lisa isst gern .

Lisa isst gern mal .

Lisa isst gern mal große Klöße .

Lisa isst gern mal große Klöße mit Soße .

Umi

Umi hört .

Umi hört Löwen .

Umi hört Löwen im Garten .

Umi hört Löwen im Garten nie .

Umi hört Löwen im Garten nie lachen .

Sp sp 

Spiel und Spaß

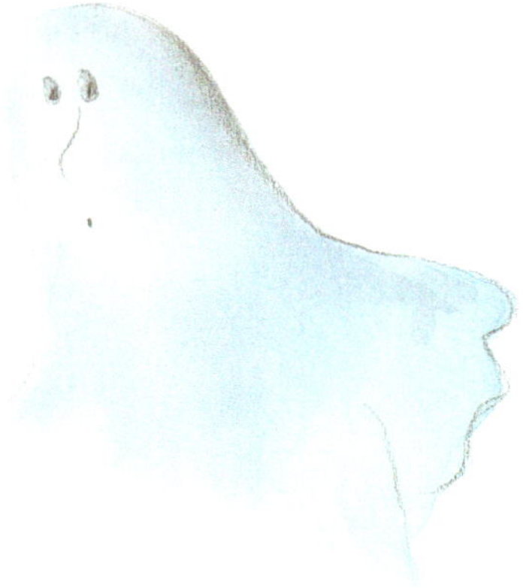

Spukende Gespenster
flattern vor dem Fenster ,
spielen auf den Betten ,
rasseln mit den Ketten .

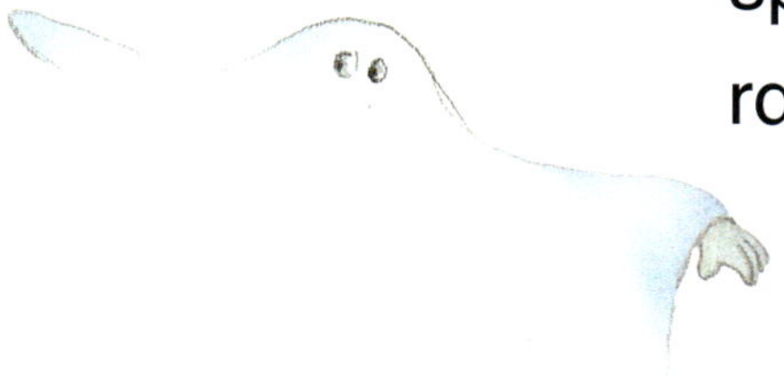

Alle frechen Wesen
wollen nun nicht lesen ,
laufen mit sehr viel Gewimmer
hin und her durch alle Zimmer .

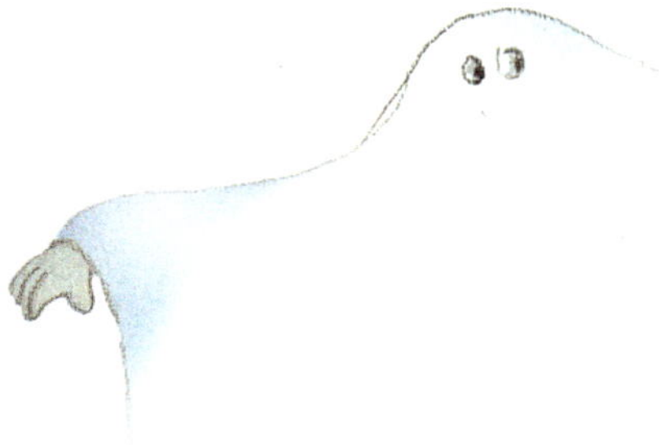

Spuken ist ein tolles Spiel .
Die Gespenster lachen viel !

Doch dann geht das Licht an
und schon – eins , zwei , drei –
sind fort die Gespenster ,
der Spuk ist vorbei !

Das Ypsilon plant eine Reise

Das Ypsilon , das Ypsilon ,
erzählt dem Zett am Telefon :
„ Ich will gern in Ägypten sein ,
denn dort ist stets das Wetter fein .
Die Pyramiden mag ich sehr ,
Kamele reiten ist nicht schwer . “
Da meint das Zett am Telefon :
„ In Ägypten war ich schon ! “

Auch **Baby** , **Pony** , **Teddybär** ,
diese Wörter sind nicht schwer .
Da lacht der Umi laut : „ Hihi !
Hier klingt das Ypsilon wie i ! “

C c

Am Computer

Carsten schreibt eine E-Mail
(sprich : i-mäil) am Computer .

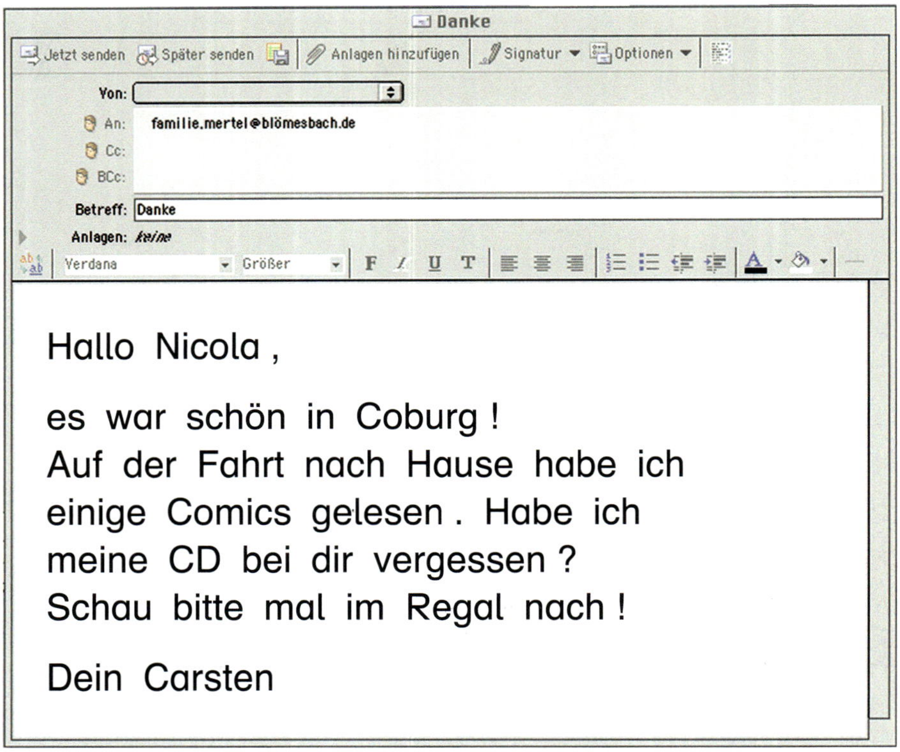

Hallo Nicola ,

es war schön in Coburg !
Auf der Fahrt nach Hause habe ich
einige Comics gelesen . Habe ich
meine CD bei dir vergessen ?
Schau bitte mal im Regal nach !

Dein Carsten

- Creme
- Cola
- Carport
- Cockpit
- Camping
- Cent

Äu äu

Nicolas Mäuse

Nicola schreibt Carsten ,
was sie von ihrem Vater bekommen hat .

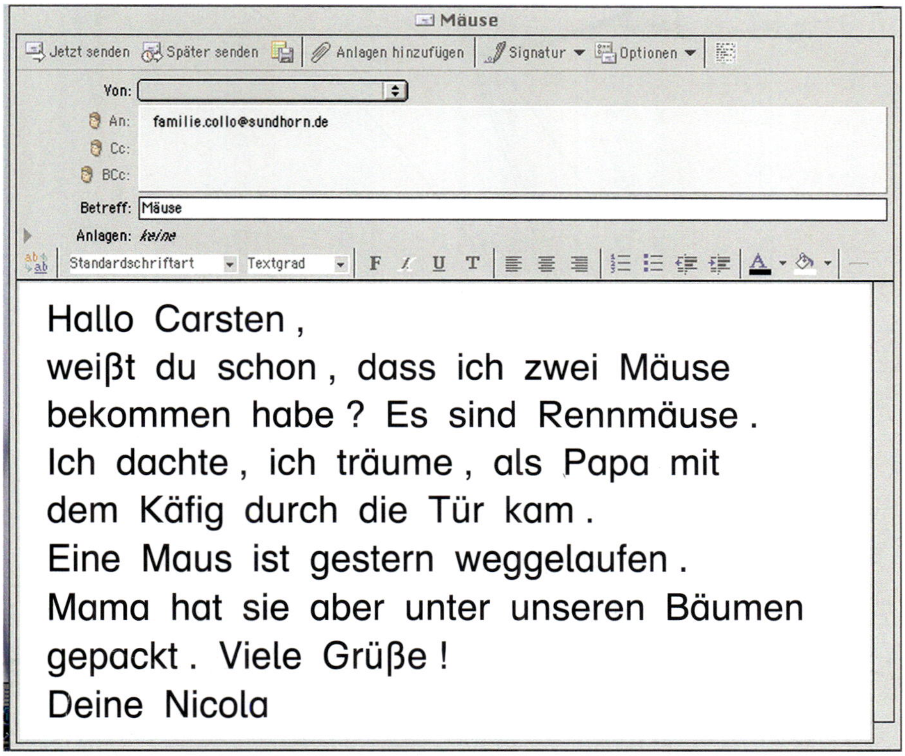

Hallo Carsten ,
weißt du schon , dass ich zwei Mäuse bekommen habe ? Es sind Rennmäuse .
Ich dachte , ich träume , als Papa mit dem Käfig durch die Tür kam .
Eine Maus ist gestern weggelaufen .
Mama hat sie aber unter unseren Bäumen gepackt . Viele Grüße !
Deine Nicola

Tipps von einem Experten

- Mindestens zwei Rennmäuse halten . Es sind gesellige Tiere !
- Käfig nicht in das Schlafzimmer stellen , da die Mäuse auch nachts Geräusche machen .

J j

Jo-Jo oder Fußball ?

Was kann man in der Pause machen ?
Lena spielt gern mit einem Jo-Jo .
Jana spielt lieber Fußball .
Jeder hat eine Idee .

Jo-Jo-Wettbewerb

Jeder probiert ,
ob er das Jo-Jo
bewegen kann .
Die Zeit soll mit der
Uhr gestoppt werden .

Lena

Ich würde gern mal
ein **Fußball-Turnier**
machen .
Alle sollen mitspielen !

Jana

Bärenjagd

Ein Kind ist der Bär ,
die anderen sind die Jäger .
Der Bär hat einen etwa
drei Meter langen Strick um
den Bauch . Am Ende wird
ein Stück Papier festgeknotet .
Die Jäger müssen es schaffen ,
auf das Papier zu treten . Dann
haben sie die Jagd gewonnen .

Johannes

Pf pf

Umi möchte Pfannekuchen

Die Kinder wollen gemeinsam frühstücken .
Timo hat Brötchen gekauft .
Lena holt Butter und Marmelade aus der Tasche .
Die Lehrerin hat Eier in einer Pfanne gebraten .
Sie stellt Pfeffer und Salz auf den Tisch .
„ Schade ! Ich hätte lieber Pfannekuchen ! “ ,
ruft Simon laut .
„ Ja , mit Pfeffer und Salz “ , stimmt Umi zu .
„ Pfui , Umi ! “ , antwortet Timo empört ,
„ Pfannekuchen sollen doch süß sein ! “

„ Stimmt ! Süße Sachen sind lecker ! “ ,
meint Umi und holt einen großen Topf Honig .
Als keiner hinschaut , steckt er seine Pfote
in den Topf und leckt sie ab .

tz

Ein Tier mit vier Tatzen

Wer nascht und kann kratzen ,
hat vier braune Tatzen ?
Wer schleicht so leise um das Haus
und wartet auf die kleine Maus ?

Nein , nicht die Katze ,
unser Kater !

Sag mal ganz schnell :
Die Katze tritt die Treppe krumm ,
die Katze tritt die Treppe krumm ,
die Katze ...

Putzig und schmutzig !

Das kleine Kätzchen
ist so putzig !
Die kleinen Tätzchen
sind so schmutzig !
Da leckt sich das Kätzchen
die schmutzigen Tätzchen
und springt mit einem großen Satz
in die Pfütze auf dem Platz .

Eu eu

Die kleine Eule sucht einen Freund

Alle Tiere hatten einen Freund ,
nur die kleine Eule nicht .
„ Willst du mein Freund sein ? “ ,
fragte sie den bunten Hahn , die kleine Ziege ,
das wollige Lämmchen und
den grauen Esel freundlich .
Doch niemand wollte mit einer
Eule befreundet sein .

Da war die kleine Eule sehr traurig .
Sie versteckte sich in der Scheune
und heulte , weil sie so einsam war .
Plötzlich raschelte es im Heu .
Die Eule erschrak . Was war das ?
Es war eine kleine
graue Maus ! Sie …

X x

Hexe Trixi Wackelzahn

Der Rabe Xaver
hat der kleinen Hexe Trixi
das dicke Zauberbuch gebracht .
Nun will sie hexen :
„ Hix , hex , hix , hex ,
es soll lauter Lollis schneien ! “
Aber verflixt ! Was ist das ?
Vom Himmel fallen bunte Blumen !
Xaver lacht und sagt :
„ Üben , üben , kleine Hexe ! “

„ Lach nicht ! “ , schreit Trixi wütend .
Sie sucht einen anderen Zauberspruch .
„ Mixi , bixi , bell – Zauber , wirke schnell ! “
Erwartungsvoll schaut sie nach oben .
Da fliegt ihr eine grüne Taube auf
die Schulter . Verflixte Zauberei !

Qu qu

Quark macht stark!

„Lena, kommst du mal bitte!
Du wolltest mir doch helfen!“

„Ich? Quatsch!“

„Du wolltest doch Quark anrühren!“

„Quark anrühren?
Na gut, das mache ich.
Wie geht das?“

„Nimm die große Schüssel und
einen Quirl. Hier ist das Rezept.
Es ist ganz leicht!“

Quark mit Banane

Du brauchst:

- *eine reife Banane*
- *500 Gramm Quark*
- *eine Tasse Milch*
- *einen Esslöffel Zucker*
- *Sonnenblumenkerne oder Schokoraspel*

- Quark, Milch und Zucker in einer Schüssel verquirlen.
- Die Banane auf dem Teller mit der Gabel zerdrücken.
- Das Bananenmus in die Schüssel geben und umrühren.
- Sonnenblumenkerne oder Schokoraspel darüber geben.

Guten Appetit!

ng 

Über den Mond

Der Mond ist viel kleiner als die Erde . Aus diesem Grund ist auch seine Schwerkraft geringer . Wir können auf dem Mond sechsmal höher springen als auf der Erde . Oder anders gesagt : Auf dem Mond wiegen alle Dinge nur einen Teil von dem , was sie auf der Erde wiegen .
Für eine Reise zum Mond braucht man etwa so lange wie für eine zehnmalige Umkreisung der Erde mit einem Flugzeug . Auf dem Mond können wir nicht leben , denn dort gibt es für unsere Lungen keine Luft zum Atmen .

Am 20. Juli 1969 landete eine amerikanische Mondfähre auf dem Mond . Der erste Mensch , der den Mond je betreten hat , war der amerikanische Astronaut Neil (sprich : Niehl) Armstrong . Er sagte den berühmten Satz : „ Ein kleiner Schritt für einen Menschen , aber ein Riesensprung für die Menschheit . "

Umis Weltraum-Geschichte

Eines Tages lenken seltsame blaue Wesen ihr blinkendes Raumschiff mitten auf den Schulhof .

Es gibt einen lauten Knall . Das Raumschiff schwankt . „ Was ist das denn ? “ , denken alle Kinder .

Helle Funken sprühen , als zwei blaue Männchen aussteigen und winken . Sie gehen direkt in die Schule !

Isa hat Umis Text gelesen . Das ist ihre Meinung dazu : „ Mir gefällt die Geschichte von den blauen Männchen . Aber du hast ja gar nicht geschrieben , wie es weitergeht . Schreibe doch noch einen passenden Schluss ! “

Lange Fibelwörter

Ähnliche Wörter

Aus einer Blu**m**e wird eine Blu**s**e .
Aus einem M**u**nd wird der M_nd .
Aus einem B**a**ch wird ein B_ch .
Aus einer H**o**se wird ein H_se .
Aus einer N**u**del wird eine lange N_del .
Aus der T**i**nte wird eine nette T_nte .

Seltsame Sätze

Umi isst am Nachmittag ein böses Eis .

In Ägypten gibt es sprechende Pyramiden .

Murat hat einen fliegenden Computer .

In der Schule sind nie Kinder .

Im Sommer blühen die Blumen jeden Tag gemein .

In der Küche braucht man stummen Pfeffer .

Die Hexe Trixi hat ein müdes Zauberbuch .

Auf dem Mond sind alle Dinge leichter essbar .

Umi mag sehr gern Quark mit roten Bananen .

Die Eule sucht einen schaumigen Freund .

Das Reise-ABC

Was nehme ich mit auf die Reise?

Ich packe meine 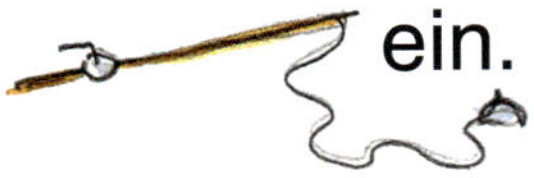 ein.

Ich packe meine 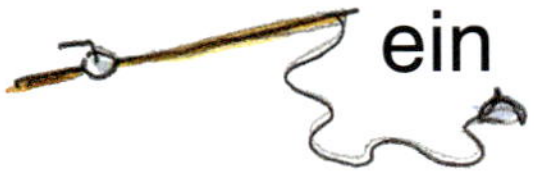 ein
und meine  .

Ich packe meine 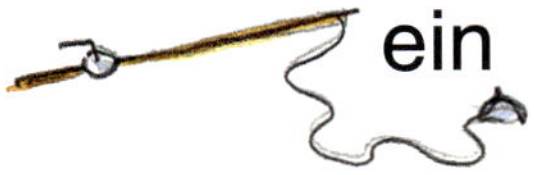 ein
und meine 
und meine  .

Ich packe meine 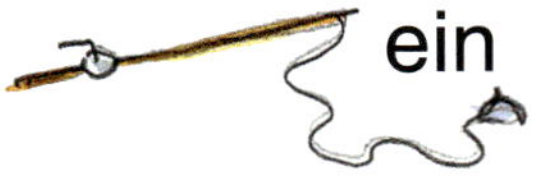 ein
und meine 
und meine 
und meinen 
und …

Ganz anders, doch genau wie du

Kinder aus fernen Ländern sind anders:
Sie sprechen fremde Sprachen.
Sie wohnen in anderen Häusern.
Sie tragen andere Kleidung.
Sie haben andere Bücher.
Sie haben andere Klassenzimmer.
Alles ist ganz anders als bei dir.

Kinder aus fernen Ländern sind wie du:
Sie wollen lachen und toben.
Sie wollen bei ihren Eltern sein.
Sie wollen mit Freunden spielen.
Sie wollen lernen.
Sie wollen groß werden.
Genau wie du.

木

Baum

日

Sonne

猫

Katze

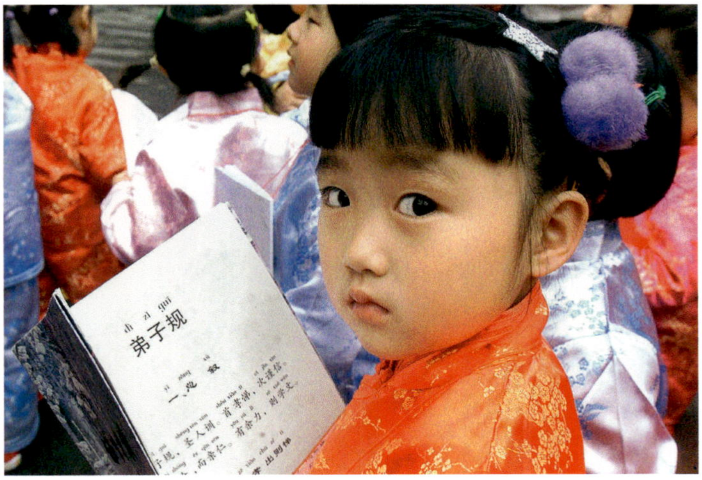

China
Kinder in China lernen keine Buchstaben wie wir. Jedes Schriftzeichen steht für ein Wort.

Zauberei mit Buchstaben

Bei jedem Wort hat Umi einen Buchstaben verzaubert.

Wie hießen die Wörter vorher?

Kartenzaun

Strohhelm

Klappfisch

Reifenblasen

Badekanne

Kussbaum

Sigge und das Z

Es gibt nur eine Sache, die Sigge genauso sehr liebt
wie Käfer, und das sind Buchstaben.
Und dagegen hat Mama überhaupt nichts,
denn davon bekommt man keine dreckigen Hosenbeine.

Auf den Buchstaben kann Sigge unendlich lange
herumgucken. Sie sind so schön, findet er.
Ganz besonders ihre Form.
Mit seinem Zeigefinger zeichnet er ihre Linien nach,
um zu erfahren, wie der Buchstabe sich anfühlt.
Manchmal versucht er so zu pfeifen,
wie der Buchstabe aussieht.

Am liebsten mag er das Z.
Das Z ist ganz anders als die anderen Buchstaben.
Es ist ein ganz besonderer Buchstabe,
gerade weil es so selten vorkommt. Am liebsten
würde Sigge es unter Naturschutz stellen und ganz
für sich allein haben.
Seinen eigenen Buchstaben.

Inger Lindahl

Spaß in der Bücherei

Familie Lohmann braucht einen neuen Computer

„Welchen denn nur?“
Vater rauft sich die Haare.
Er studiert viele Computerprospekte
und kann sich nicht entscheiden.
Alle brauchen einen Computer.
Mutter braucht ihn für den Beruf.
Sie muss darauf ihre Texte schreiben.
Vater möchte ihn haben,
um gelegentlich etwas in einem
Internetlexikon nachzuschlagen.
Und die Kinder brauchen
den Rechner sowieso:
für die Schule,
zum Lernen und
natürlich auch zum Spielen.
Und die ganze Familie Lohmann
will ihn verwenden,
um E-Mails von Freunden
in aller Welt zu empfangen und
selbst welche zu senden.

Norbert Golluch

So viele Bären!

Braunbär

Auf der Erde leben acht Bärenarten.
Der Braunbär ist am weitesten verbreitet.
Er lebt in weiten, einsamen Wäldern.

Der Braunbär frisst kleine Nagetiere,
Fische und Pflanzen.
Auch Insekten mag er gern.
Wenn er einen Bienenstock findet,
lässt er sich den Honig schmecken.

Eisbär

Der Braunbär verbringt den Winter
in einer Höhle.
Dort hält er seinen Winterschlaf.
Im Winter bekommt die Bärin Junge.
Sie sind nur so groß wie kleine Kätzchen.

Schwarzbär

Bären haben mächtige Pranken
mit langen Krallen.
Die Pranken nennt man auch Tatzen.

Brillenbär

Malaienbär

Lippenbär

Kragenbär

Großer Panda

Die Leute mögen Bären leiden.
Der Bär ist ein beliebtes Tier.
Ich könnte mich als Bär verkleiden.
Dann wäre ich beliebt bei dir.

Frantz Wittkamp

Bärentreu

Mein Bär heißt Bär
und irgendwie
liebt er mich sehr.

Er brummt nie
und schmollt nie
und schimpft nie mit mir.
Was ich auch tu,
er schaut ruhig zu.

Und in der Nacht
hält er mich
im Arm,
so leise,
so warm.

Bärentreu
ist mein Bär
und irgendwie
lieb ich ihn sehr.

Anne Steinwart

Kleiner Eisbär, komm bald wieder!

Lars, der kleine Eisbär, sprang fröhlich ins Wasser.
Er wollte ein paar Fische fangen.
Aber o weh! Plötzlich wurde er selber gefangen!

Das Netz wurde in den Bauch eines Schiffes geleert.
Lars zappelte wie wild, bis er die Leiter hochklettern konnte.
Da schaute er zum Fenster hinaus.
Er sah nichts als Wasser. Kein Eis, keinen Schnee.

An Deck traf Lars die Schiffskatze Nemo.
„Kannst du mir helfen? Bitte! Ich will nach Hause“,
sagte Lars verzweifelt.
„Erhol dich erst etwas, kleiner Eisbär. Ich werde überlegen,
wie ich dir helfen kann.“

Am Abend sahen sie viele Lichter am Horizont.
„Da wohnen meine Freunde. Ich hoffe, sie können dir helfen“, sagte Nemo.
Kaum war das Schiff im Hafen, schlichen Lars und Nemo in die Stadt. Alles war still. (...)

In einem alten Schuppen fand die große Katzenversammlung statt. Nemo erzählte Lars’ Geschichte und Johnny meldete sich gleich: „Mein Schiff fährt zum Nordpol. Du kannst mit mir kommen, kleiner Eisbär.
Ich bringe dich nach Hause.“

Wieder war Lars auf einem Schiff und schaute sehnsüchtig auf das Meer hinaus. Endlich kamen die Eisberge in Sicht. „Johnny, schau!
Da bin ich zu Hause! Ade und vielen Dank!“, rief Lars.

Hans de Beer

Pu und das Buch von sonnigen Tagen

„Wie wäre es, wenn wir ein Buch
über sonnige Tage machten?“, fragt Ferkel.
„Ein Buch schreiben?“, erwidert Pu ungläubig.
„Nein, ein buntes Album mit Bildern, das uns
an sonnige Tage erinnert“, erklärt Ferkel.
„Ach **so** ein Buch!“, seufzt Pu erleichtert.
Zuerst holen sie buntes Papier,
Stifte und Farben aus Pus Schrank.
Dann nehmen sie Scheren, Klebstoff und
schließlich eine Schnur,
um alles zusammenzubinden.

Pu locht das Papier für das Buch
und Ferkel zieht ein Band durch,
das er als Schleife zusammenbindet.
Dann setzen sich die Freunde an den Tisch
und malen Bilder von ihren
schönsten Sonnentagen.

Bald ist ihr Buch fertig.

Stoffel muss raus 

Mama will Felix die  bringen.

Sie hat einen riesigen dicken  ,

weil sie bald ein  bekommt.

 sagt: „Hier ist die  . Bitte geh mit  spazieren.“

„Ich will aber nicht!“, sagt  . „Ich will lieber  fahren.“

Da geht  zu Anna.

„  , bitte geh mit  aus!“ Aber  sagt:

„Das geht jetzt nicht. Ich male gerade unsere  .“

 ärgert sich, aber sie sagt nichts. Sie nimmt 

an die  und geht mit ihm zur  hinaus.

 sitzt am  und denkt daran, wie traurig  geguckt hat.

Sarah Bosse

Immer und immer Anna-Sofie!

Hannes klingelt Sturm. Er muss Mama dringend etwas erzählen. Etwas ganz Tolles. Etwas Einmaliges. Ein Zirkus kommt!

Mama öffnet die Etagentür.
„Pssst! Anna-Sofie schläft!
Was machst du denn für einen Lärm?"
Mamas Stimme klingt so ärgerlich,
dass Hannes schnell eine Ausrede erfindet.
„Ich muss mal", sagt er und verschwindet
ins Badezimmer. Dort schließt er die Tür ab.

Anna-Sofie! Immer und immer Anna-Sofie!
Für Mama gibt es nichts anderes mehr!
Hannes wird ihr kein Wort vom Zirkus erzählen.
Er wird mit Papa sprechen.
Mit Papa kann er reden. Aber mit Mama?
Die hat keine Zeit mehr für Hannes.
Vor vier Wochen wurde Anna-Sofie geboren.
Seitdem ist Mama nicht mehr dieselbe.

Anne Steinwart

Womit der Franz unzufrieden ist

Der Franz ist mit seiner Mama und mit
seinem Papa fast immer zufrieden.
Nur wenn es ums Fernsehen geht,
muss er sich über die beiden ärgern.
Weil sie Fernsehmuffel sind!

Bloß drei Programme
kann der Franz sehen.
Oft beschwert er sich bei der Mama:
„Alle Kinder haben Kabel.
Oder eine Satelliten-Schüssel.
Zwanzig Programme können die sehen.
Und ich bin dauernd der Blöde!"

Der Franz kommt sich wie „der Blöde" vor,
weil die Kinder in der Schule
immer von den Filmen reden,
die sie sich im Fernsehen angeschaut haben.
Und er kann dann nie mitreden.
Und weil die Kinder sehr oft und sehr lange
davon reden, muss er sehr lange den Mund halten ...

Christine Nöstlinger

Anna und Joko

Anna soll eine Flasche
Mineralwasser holen.
Die Flaschen
stehen im Keller.
Im Keller riecht es komisch!
Im Keller gibt es Spinnen!
Anna will nicht
allein in den Keller!

Anna klingelt bei Joko.
Sie zeigt Joko
die leere Wasserflasche.
Anna nimmt Jokos Hand.

Aber Joko mag nicht
in den Keller.
Dort ist es so dunkel.

Joko zieht Anna
in die Wohnung.

Joko geht
zum Wasserhahn
und dreht ihn auf.

Anna hält die Flasche
unter den Hahn.
Bald ist sie voll.

Joko kichert.
Anna ist froh.
„Danke, Joko!“, sagt sie.

Anna läuft wieder hoch
in ihre Wohnung.

Sie gibt Mama
die Flasche.
Mama trinkt ein Glas.
Sie sagt:
„Es schmeckt
irgendwie anders!“

Sabine Jörg

Ein F ist allein,
lädt das R zu sich ein,
noch ein E kommt hinzu,
kurz danach auch das U.
Steht ein N vor dem Haus,
holt die vier zu sich raus.
Meint das mitgebrachte D:
„Kommt, wir gehen zum E!“

W8 auf!
Gebt 8!
M8 mit!
L8 leise!
Und:
Verkr8 euch
bitte nicht!

Lückenbüßer

Bei Jörg ist das so:

Ist der Marc bei ihm,
dann lässt er mich stehn
und ich kann nach Hause gehn.

Ist der Sven bei ihm,
dann lässt er mich stehn
und ich kann nach Hause gehn.

Ist die Silke bei ihm,
dann lässt er mich stehn
und ich kann nach Hause gehn.

Ist der Jörg aber allein,
dann sagt er: „Komm rein!“

Texte: Regina Schwarz

Ein Experiment mit Bohnen

Das braucht ihr:

- einige getrocknete Bohnen
- einen durchsichtigen (zerbrechlichen) Plastikbecher
- eine alte Schüssel und Gips

Das müsst ihr machen:

- Rührt Gips in einer Schüssel nach der Anweisung an.
- Gebt einige Bohnen dazu.
- Füllt die Masse in einen Plastikbecher, sodass er zur Hälfte gefüllt ist.
- Haltet den Gips etwas feucht.

Was passiert?

Nach einigen Tagen bilden sich Risse.
Später platzt der Becher.

Warum ist das so?

Die trockenen Bohnen nehmen viel Wasser auf.
Sie quellen und beginnen zu keimen.
Dabei dehnen sie sich so stark aus,
dass der Becher platzt.

Die Seife

SEIFE
SEIF
SEI
SE
S

Sauber

Erwin Grosche

Warum Seife sauber macht

Wasser hat eine Haut. Diese Haut ist so fest, dass auf einem Teich kleine Insekten laufen können, ohne einzusinken.
Seife zerstört diese Haut. Dadurch wird das Wasser noch flüssiger und beweglicher – und kann alles viel nasser machen.

Ein Experiment

Nimm ein Glas Wasser und lege ganz,
ganz vorsichtig
eine Nähnadel auf das Wasser.
Das geht am besten mit einer Pinzette.
Die Nadel schwimmt auf der Haut des Wassers!

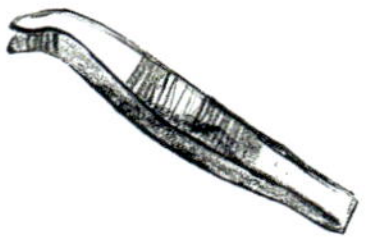

Jetzt fügst du einige Tropfen Spülmittel hinzu –
und schon reißt die Haut des Wassers ein.
Die Nadel sinkt sofort.

Das will ich wissen!

Warum ist die Sonne so heiß?

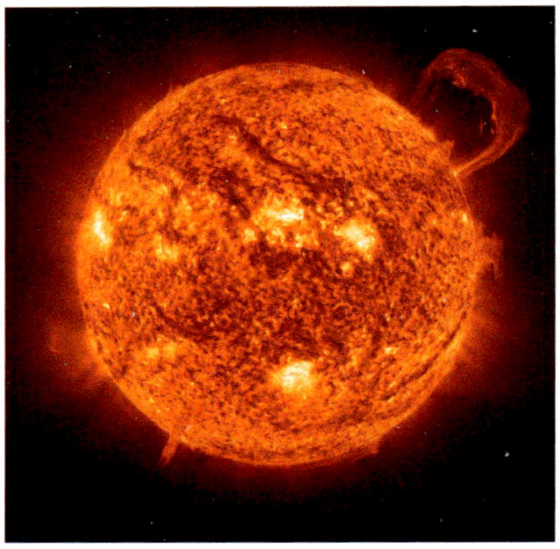

Die Sonne besteht fast nur aus sehr leichten Gasen, nämlich Wasserstoff und Helium. Sie ist ein riesiger brennender Gasball. Auf der Oberfläche der Sonne finden unvorstellbar große Explosionen statt, bei denen sehr viel Energie freigesetzt wird.

Warum geht Hefeteig auf?

Wenn du Brot oder Kuchen backst, wirst du feststellen, dass der Teig sich vergrößert. Das bewirkt die Hefe. Hefen sind kleine Pilze. Sie verarbeiten Zucker zu Gas. Die Luftbläschen blähen den Teig dann auf.

Wieso kann ein Heißluftballon fliegen?

Mit einem Gasbrenner wird heiße Luft in den Ballon geblasen. Sie ist leichter als kalte Luft, deshalb kann der Ballon aufsteigen. Zum Landen lässt man die Luft im Ballon abkühlen. Dadurch sinkt der Ballon wieder.

Wie hören Vögel?

Vögel haben keine Ohrmuscheln, aber sie können trotzdem sehr gut hören. Die Ohren befinden sich innen im Köpfchen und sind von Federn verdeckt. Vögel drehen ihren Hals übrigens ständig in alle Richtungen, um zu hören, woher der Schall kommt. Eulen können ihren Kopf besonders weit drehen.

Warum haben sich die Indianer mit Federn geschmückt?

Nicht jeder Indianer durfte eine Feder tragen. Wer sich sehr mutig verhalten hatte, steckte sich eine Adlerfeder ins Haar und wurde von den anderen besonders geachtet. Ein Krieger konnte nur dann Häuptling werden, wenn er bereits eine große Anzahl Federn auf dem Kopf trug.

Wer waren die Ritter?

Ritter nannte man im Mittelalter bewaffnete, adelige Reiter. Sie schworen, dem König und Gott treu zu dienen und die Schwachen zu verteidigen. Ein Ritter lebte auf einer Burg. Sein Hauptberuf war es, im Krieg zu kämpfen. Dafür brauchte er ein Pferd, Waffen und eine Rüstung.

Ein klarer Fall für Laura Lupe

„Immer klauen sie mir mein Rad.
Nur weil ich kein Schloss habe.
Die finden das wohl lustig“, klagt Teresa.
„Wer klaut dein Rad?“, fragt Laura Lupe.
„Einer der Jungen von nebenan“, sagt Teresa.
„Bist du sicher?“, fragt Laura Lupe.
„Nein, nicht ganz“, antwortet Teresa.
Laura Lupe denkt nach. Dann sagt sie:
„Leihst du mir dein Rad?“ „Klar“, sagt Teresa.

Laura Lupe schiebt das Fahrrad nach Hause.
Sie holt Farbe und malt ein rotes Kreuz
auf den Sattel. Dann stellt sie das Rad
vor Teresas Haus.
Bald darauf kommt Teresa angerannt.
„Mein Fahrrad ist schon wieder weg!“, ruft sie.
„Sehr gut“, sagt Laura Lupe.
„Komm mit“, sagt sie zu Teresa.

Auf der Wiese spielen die Jungen von nebenan
Fußball. Laura Lupe und Teresa verstecken sich.
Sie schauen den Jungen zu. Plötzlich sagt Laura Lupe:
„Jetzt weiß ich, wer dir immer dein Rad klaut.“
Wer denn?“, fragt Teresa erstaunt.
„Schau genau hin!“, sagt Laura Lupe.

Jörg Meier

Allerlei Monster

Es gibt Monster mit großen Zähnen.
Es gibt Monster mit langen Mähnen.
Es gibt Monster mit dicken Bäuchen,
manche grunzen, manche keuchen.

Manche brüllen, manche schmatzen,
manche sind so klein wie Spatzen.
Andere sind groß wie ein Haus,
ein Mensch ist für sie wie eine Laus.

Alle Monster mögen Krach
und bei süßen Sahnebonbons
werden alle Monster schwach!

Cornelia Neudert

Ein seltsamer Besucher

Bin ich wach oder träume ich?,
dachte Felix Fischel,
als er eines Morgens aufwachte
und in seinem Zimmer
ein Drache saß.
Ein ganz kleiner Drache,
so groß wie ein Kätzchen.

Felix streichelte ihm den Kopf
und der kleine Drache
wedelte fröhlich
mit dem Schwanz.

Felix ging nach unten.
Er erzählte seiner Mutter
von dem Drachen.
„Drachen gibt's doch gar nicht!",
sagte seine Mutter.
Und das klang so, als meinte sie das auch.

Felix ging wieder nach oben in sein Zimmer und zog sich an.
Der Drache strich um ihn herum und wedelte mit dem Schwanz.
Aber Felix streichelte ihn nicht mehr. Wäre ja blöd, etwas zu
streicheln, was es doch überhaupt nicht gibt.

Jack Kent

In der Gruselschule

Willi Vampir wohnt in einer Burg.
Er liebt Hexen, Ratten und Gespenster.
Wenn Willi die Arme ausbreitet,
kann er fliegen wie eine Fledermaus.

Jeden Abend geht Willi
in die Gruselschule.
Die Schulstunden dauern
bis Mitternacht und Willi
lernt alles,
was Vampire können müssen.

Sein Lehrer ist ein richtiger Zauberer.
Er heißt Herr Grunzwurm
und ist sehr nett.
Die Gruselschule ist
in einer alten Burgruine.
Wenn Willi zur Schule flattert,
nimmt er immer eine Abkürzung
über das Moor.

Erhard Dietl

Das Wetter-Ungeheuer

Hole dir einen Zapfen
von einem Nadelbaum.
Drücke Augen und
eine Zunge aus Knete
an den Zapfen.
Fertig ist dein
Wetter-Ungeheuer.
Lege es draußen
auf die Fensterbank.

Beobachte:

Was passiert,
wenn es nass ist?

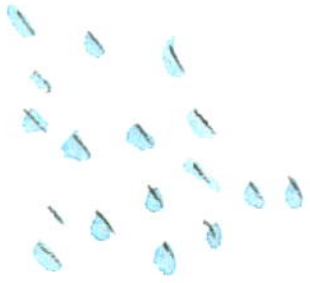

Was passiert,
wenn es trocken ist?

Wie heißen die Wörter richtig?

Zauberspruch

Nimm Entenfedern,
Löwenzahn
und einen Löffel
Lebertran.
Sprich Hunke-
munke-mops dabei
und mische
einen dicken Brei.
Schmier dir
die Nasenspitze ein
und stell dich
in den Mondenschein.
Und schwebst du nun
nicht in die Nacht –
dann hast du etwas
falsch gemacht!

Max Kruse

Zaubertrank

Nimm Sprudelwasser,
Apfelsaft
und Himbeersirup,
der gibt Kraft.
Sprich Mische-masche,
rühr dabei.
Doch das ist keine Zauberei,
sondern ein leckeres Getränk
für alle Kinder!

- einen Liter Sprudelwasser
- einen halben Liter Apfelsaft
- nach Geschmack etwas Himbeersirup

Wenn du willst, gib auch noch einige Spritzer Zitronensaft und gefrorene Himbeeren dazu!

Umis Abzählreime

Lirum, larum, Zwiebelkuchen,
Simon soll den Umi suchen.
Eierkuchen, Tintenfleck,
eins, zwei, drei –
und du bist weg!

Plitsche, platsche,
patsche,
ich stapfe durch die Matsche.
Nasse Füße, Schnupfen, Dreck,
ritz, ratz, rotz – und du bist weg!

KNISTER

Cuatro patas
tiene un gato:
una, dos,
tres, cuatro.

*(Vier Pfoten
hat eine Katze:
eins, zwei,
drei, vier.)*

Witz mit Fritz

„Hast du keine Ohren?“, schimpft der Lehrer.
„Wie oft muss ich dir noch sagen, dass du nicht ständig mit den Beinen zappeln sollst!“
Brummelt Fritz: „Und wie soll ich bitte mit den Ohren zappeln?“

„Igitt! Fritz!“, ruft die Lehrerin.
„Was hast du bloß für dreckige Hände?“
Fritz strahlt über das ganze Gesicht.
„Das ist noch gar nichts!
Da müssten Sie mal meine Füße sehen!“

Null zu null?

Wer kommt jetzt in die -Runde?

Das entscheidet das 11-Meter-Schießen.

Fünf  aus hausen und fünf  aus Lands 

werden ausgewählt.

Jeder Schuss ein Treffer: 4:4.

Doch Nele aus hausen schießt daneben.

Das ist die Chance für Lands  und für Nadia!

Nadia rutscht das  in die .

Ihre  werden weich wie .

Doch die  feuern Nadia an.

Nadia läuft an und schießt:

Der  fliegt am 

vorbei ins .

Dagmar Binder

Hier stimmt was nicht!

Mit der **Zunge** kann man gucken,
mit den **Beinen** kann man spucken.
Auf den **Ohren** kann man kriechen,
mit den **Augen** kann man riechen.
Hören kann man mit den **Zehen,**
auf dem **Mund,** da kann man stehen.
Mit den **Händen** kann man lecken
und die Schokolade schmecken.
Mit den **Knien** kann man trinken,
mit der **Nase** kann man winken.
Damit endet das Gedicht und mir scheint:
Hier stimmt was nicht!

Paul Maar

Rätsel und Zungenbrecher

Aus welchen Gläsern kann man nicht trinken?
(aus Brillengläsern)

Wer geht spazieren und bleibt doch zu Hause?
(die Schnecke)

Wer gab mir diesen Namen noch?
Ich bin doch keine Maus!
Ich wohne nicht im Mauseloch,
ich flieg um euer Haus!

Es klapperten die Klapperschlangen,
bis die Klappern schlapper klangen.

Esel essen Nesseln gern,
Nesseln essen Esel gern.

Zwanzig Zwerge machen Handstand,
zehn im Wandschrank,
zehn am Sandstrand.

Sicher kennst du
weitere Zungenbrecher.
Schreibe sie auf!

Die Schaukel

Wie schön, sich zu wiegen,
die Luft zu durchfliegen
am blühenden Baum!

Mal vorwärts vorüber,
mal rückwärts hinüber –

es ist wie ein Traum.

Heinrich Seidel

Rutschlied

Rutsche rutschen
runter flutschen
und danach ein
Bonbon lutschen –
Ich komme!

Erwin Grosche

Wann ist das?

Der Schnee wird weich,
es taut der Teich,
lang wird der Tag.
Wann ist das? Sag!

Die Sonne glüht,
die Linde blüht,
das Korn wird voll.
Wann ist das wohl?

Das Feld ist leer
und regenschwer,
die Erde nass.
Sag, wann ist das?

Die Felder weiß,
auf Flüssen Eis.
Es weht der Wind.
Wann ist das, Kind?

Sibylle Sailer

Sankt Martin

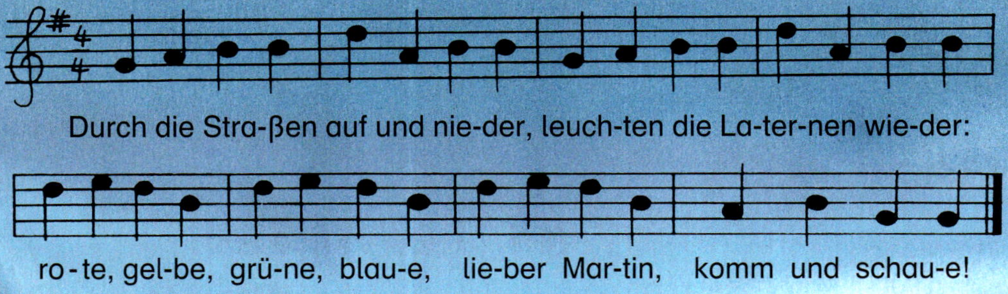

Umi mit Mimi,
Tina mit Nils,
Uta, Timo, Lisa, Tim.
Toll!

Sankt Martin teilte seinen Mantel
mit einem armen Mann.
Was können wir mit
anderen Menschen teilen?

So ein Duft!

Nimm eine  .

Nimm 

.

Und nun los: 

Kleiner, grüner Kranz

Kleiner, grüner Kranz,
bring uns deinen Glanz.
Bring mit deinem Licht
Jung und Alt
und Groß und Klein
ein Lächeln ins Gesicht.

Kleiner, grüner Kranz,
bring uns deinen Glanz.
Mach die Herzen weit,
denn mit dir
warten wir
auf die Weihnachtszeit.

Rolf Zuckowski

Am Heiligen Abend

Da ist die 

mit dem  !

An der  sind 

und  und die  .

An der  ist ein  .

An der  ist ein  .

Und die  kommen !

Alle kommen zur  .

Das  ist nun da .

Zum Vorlesen

Das türkische Zuckerfest scheker bayram

Bei moslemischen Familien aus der Türkei gibt es keinen Weihnachtsbaum. Es gibt jedoch ein anderes wichtiges Fest, das Zuckerfest – scheker bayram genannt.

Das Zuckerfest wird zum Abschluss des Fastenmonats gefeiert. Während des Fastenmonats dürfen die Moslems den ganzen Tag nichts essen oder trinken. Erst nach Sonnenuntergang gibt es ein Abendessen. Während des Fastenmonats sollen sich die Menschen auf Gott besinnen und besonders gut zu anderen Menschen sein. Zum Abschluss des Fastenmonats wird das Zuckerfest gefeiert. Es dauert drei Tage.

Das Fest heißt Zuckerfest, weil viel Süßes gegessen wird. Die Kinder bekommen viele Süßigkeiten geschenkt.

Kann jemand etwas vom Zuckerfest erzählen?

Der Schneemann auf der Straße

2. Er rührt sich nicht vom Flecke,
auch wenn es stürmt und schneit.
Stumm steht er an der Ecke
zur kalten Winterszeit.

3. Doch tropft es von den Dächern
im ersten Sonnenschein,
da fängt er an zu laufen
und niemand holt ihn ein.

Text: Robert Reinick
Melodie: Dorothée Kreusch-Jacob

Frühling

In meinem Garten
ist über Nacht
der Frühling erwacht.

Man kann ihn schon sehen:
Schneeglöckchen stehen
in dichten Reihen.

Sie wecken die Vögel, die Wälder,
die Büsche, die Wiesen und Felder,
die ganze Welt
und dich
und mich.

Hilga Leitner

Der Hase Franz

Dieser Hase heißt Franz Meier,
Ostern malt er bunte . . .
Nachts, da schläft er tief und fest
in einem warmen Kuschelnest.
Mit den ersten S  nnenstrahlen
fängt Franz Meier an zu malen.
Eier,  und ,
manchmal hilft ihm seine Frau.
Spät am Abend legt Franz Meier
seine schönen bunten 
in ein Nest aus grünem Gras ,
das macht vielen Kindern Spaß.
Und findest du ein buntes ,
war sicher eins vom Franz dabei.

Sibylle Sailer

Für Menschen, die wir mögen

Ich freue mich,
wenn ich dich seh,
ich finde dich so nett.
Ich schenke dir
mein **H** und **E**,
mein **R** und auch
mein **Z**.

Frantz Wittkamp

Große Liebe ist nicht klein.
Rostet nicht und geht nicht ein.
Wird nicht schlecht und wird nicht kalt,
sondern hundert Jahre alt.

Frantz Wittkamp

Für Mama

Du, ich hab dich lieb.
Kommt einmal ein Dieb,
und der will dich klauen,
werd ich ihn verhauen!

Angela Sommer-Bodenburg

Papa ist ein Supermann,
weil er einfach alles kann.
Ich hab dich lieb an allen Tagen,
das will ich dir heute sagen.

Daniel

Inhalt

Zu jedem eingeführten Buchstaben im Leselehrgang gibt es einen Differenzierungstext mit blauer Tatze als zusätzliches Leseangebot für Kinder, die bereits Texte mit einem etwas größeren Buchstabenbestand bewältigen können. Diese Texte müssen nicht von allen Kindern erlesen werden. Gleiches gilt für blau gedruckte Sprechblasentexte und Beschriftungen innerhalb der Illustration, die ebenfalls ein Differenzierungsangebot darstellen. Texte mit einem etwas höheren Niveau finden sich auch im Leseteil, der sich an den Buchstabenlehrgang anschließt. Sie sind ebenfalls mit der blauen Bärentatze gekennzeichnet. Gelb unterlegte Texte mit Silbenbögen dienen dazu, Wortstrukturen bewusst zu machen. Sie richten sich als Hilfe insbesondere an Kinder, die im Leselernprozess etwas mehr Unterstützung brauchen.

Buchstaben, Bücher und Bildschirme

Allerlei Bären

Familie und Freunde

Wieso? Weshalb? Warum?

Das gibt's doch gar nicht!

Spiel, Spaß und Sport

Von Januar bis Dezember

Textquellen

S. 65 Ute Andresen: Drinnen. Aus: U.A., Monika Popp: ABC und alles auf der Welt. © 2002 Beltz Verlag, Weinheim und Basel; **S. 72, 73, 78, 87** Originalbeiträge Martina Schramm; **S. 89** Inger Lindahl: Sigge und das Z. Aus: I.L.: Sigge mit Z. Deutsch von Dagmar Brunow. © Verlag Friedrich Oetinger, Hamburg 2001; **S. 91** Norbert Golluch: Familie Lohmann braucht einen neuen Computer. Aus: N.G., Dorothea Tust (Illustration): Mein erstes Buch vom Computer. Annette Betz Verlag, Wien und München 2007; **S. 93** Frantz Wittkamp: Die Leute mögen Bären leiden. © Frantz Wittkamp; Anne Steinwart: Bärentreu. © Anne Steinwart; **S. 94/95** Hans de Beer: Kleiner Eisbär, komm bald wieder! Aus: H.d.B.: Kleiner Eisbär, komm bald wieder! Deutsch von Brigitte Hanhart. © Nord Süd Verlag AG, Gossau/Zürich, Schweiz; **S. 96** Pu und das Buch von sonnigen Tagen. Aus: Disney: Winnie Puuhs Freundschafts-Geschichten. Deutsch von Imke Weikert. © 2002 Disney Enterprises, Inc., basierend auf den „Winnie the Pooh"-Werken © A.A. Milne und E.H. Shepard; **S. 97** Sarah Bosse: Stoffel muss raus. Aus: S.B., Dorothea Tust (Illustration): Kunterbunte Familiengeschichten. ars edition, München 1998; **S. 98** Anne Steinwart: Immer und immer Anna-Sofie! Aus: A.S.: Hannes lässt die Fetzen fliegen. © Edition Bücherbär im Arena Verlag, Würzburg 1993; **S. 99** Christine Nöstlinger: Womit der Franz unzufrieden ist. Aus: C.N.: Fernsehgeschichten vom Franz. © Verlag Friedrich Oetinger, Hamburg 1994; **S. 100** Sabine Jörg: Anna und Joko. Aus: S.J.: Hallo Joko! Hallo Anna! © Edition Benziger im Arena Verlag, Würzburg 1995; **S. 101** Regina Schwarz: W8 auf! Aus: R.S.: Sprach-Spiel-Spaß von A-Z. © 2002 Velber im OZ Verlag GmbH, Freiburg; Regina Schwarz: Lückenbüßer/Ein F ist allein. Aus: Hans-Joachim Gelberg (Hrsg.): Was für ein Glück. 9. Jahrbuch der Kinderliteratur. Beltz Verlag, Weinheim und Basel 1993; **S. 103** Ulrike Berger: Warum Seife sauber macht. Ein Experiment. Aus: Wie kommen die Streifen in die Zahnpasta? Verblüffende Antworten aus dem Alltag. © 2002 Velber im OZ Verlag GmbH, Freiburg; Erwin Grosche: Die Seife. Aus: E.G.: Der Badewannenkapitän. © 2002 dtv, München; **S. 106** Jörg Meier: Ein klarer Fall für Laura Lupe. Aus: J.M.: Kleine Detektivgeschichten. © 1998 ars edition, München; **S. 107** Cornelia Neudert, Monstergeschichten © 2009 Ravensburger Buchverlag Otto Maier GmbH, Ravensburg **S. 108** Jack Kent: Ein seltsamer Besucher. Aus: Achtung, Drachen! Lustige Drachengeschichten. Deutsch von Ute Andresen. © 2010 Ravensburger Buchverlag Otto Maier GmbH, Ravensburg; **S. 109** Erhard Dietl, Willi Vampir In der Gruselschule. © 2009 Ravensburger Buchverlag Otto Maier GmbH, Ravensburg; **S. 111** Max Kruse: Zauberspruch. Aus: M.K.: Ein Klecks ging mal spazieren. Kindergedichte. Mit Illustrationen von Gertraud Funke. Verlag St. Michaelsbund, München 2003; Martina Schramm: Zaubertrank. Originalbeitrag; **S. 112** KNISTER: Plitsche, platsche, patsche … © KNISTER; **S. 113** Dagmar Binder: Null zu Null? Aus: D.B., Dorothea Tust (Illustration): Fußball-ABC. Sauerländer, Mannheim 2010; **S. 114** Paul Maar: Hier stimmt was nicht! Aus: P.M.: Jaguar und Neinguar. Gedichte. Verlag Friedrich Oetinger, Hamburg 2007; **S. 116** Heinrich Seidel: Die Schaukel (gekürzt). Aus: H.S.: Gedichte. Stuttgart 1903; Erwin Grosche: Rutschlied. Aus: E.G.: Der Badewannenkapitän. © 2002 dtv, München; **S. 117** Sibylle Sailer: Wann ist das? Aus: Sabine Lohf, Sibylle Sailer: Mein Kindergartenjahr. © Ravensburger Buchverlag 1996; **S. 118** Durch die Straßen auf und nieder … Text: Lieselotte Holzmeister. Melodie: Richard Rudolf Klein. © Fidula Verlag, Boppard/Rhein; **S. 119** Rolf Zuckowski: Kleiner, grüner Kranz. Aus: R.Z.: Dezemberträume. Edition Sikorski 1128. © Sikorski Musikverlage, Hamburg 2001; **S. 122** Der Schneemann auf der Straße. Text: Robert Reinick. Melodie: Dorothée Kreusch-Jakob. © Musikjustmusic GmbH München. Aus: Das Ravensburger Buch der Advents- und Weihnachtsgeschichten. © 1996 Ravensburger Buchverlag Otto Maier GmbH, Ravensburg; **S. 123** Hilga Leitner: Frühling. Aus: Teddy 3. Schreiber Verlag, Esslingen 1973; **S. 124** Sibylle Sailer: Der Hase Franz. Aus: Sabine Lohf, Sibylle Sailer: Mein Kindergartenjahr. © 1996 Ravensburger Buchverlag Otto Maier GmbH, Ravensburg; **S. 125** Frantz Wittkamp: Ich freue mich/Große Liebe. © Frantz Wittkamp; Angela Sommer-Bodenburg: Du, ich hab dich lieb. © Angela Sommer-Bodenburg.

Bildquellen

S. 16 Fotos: Ocke Coldewey, Kiel; **S. 28** o.l. und M.r.: WILDLIFE/Harpe, Hamburg; M.l.: WILDLIFE/J. Freund, Hamburg; u.r.: WILDLIFE/B. Cole, Hamburg; **S. 29** Fotos: WILDLIFE/D. J. Cox, Hamburg; Buchcoverabbildung aus: Emily Gravett, Uwe-Michael Gutzschhahn (Übers.): Das komische Ei. Sauerländer, Mannheim 2010; **S. 40/41** © I. Schmitt-Menzel/Friedrich Streich/WWF Lizenzhaus Köln GmbH; Die Sendung mit der Maus © WDR; Lizenzagentur: BAVARIA SONOR, 82031 Geiselgasteig; **S. 42/43** Fotos: Peter Wirtz Fotodesign, Dormagen; **S. 44/45** Fotos: Ocke Coldewey, Kiel; **S. 46** Foto: Zefa creasource/Creasource Ltd, Hamburg; Buchcoverabbildungen aus: Rüdiger Bertram, Alexander Bux (Illustration): Jakob, der Superkicker. Oetinger Verlag, Hamburg 2010; Katja Reider, Leopé: Lesetiger-Dinosauriergeschichten. Loewe-Verlag, Bindlach 2006; **S. 50** Foto: picture-alliance/dpa-Bildarchiv, Berlin; **S. 62** Foto: picture alliance/dpa/Horst Pfeiffer; **S. 63** Foto: Peter Wirtz Fotodesign, Dormagen; **S. 69** Foto: Mauritius/Pigneter, Berlin; **S. 82** Foto: NASA/JPL./Gov.; **S. 87** Foto aus: Martine und Caroline Laffon: Kinder in den Kulturen der Welt. © 2003 Gerstenberg Verlag, Hildesheim; **S. 91** Illustrationen von Dorothea Tust aus: Norbert Golluch, Dorothea Tust: Mein erstes Buch vom Computer. Annette Betz Verlag, Wien und München 2007; **S. 92** Illustrationen aus: Entdecke die Welt. FASZINIERENDE TIERE. © der Originalausgaben: Editions Gallimard. © 2002 by Ravensburger Buchverlag Otto Maier GmbH, Ravensburg; **S. 94/95** Illustrationen von Hans de Beer aus: Hans de Beer: Kleiner Eisbär, komm bald wieder! © 1988 Nord Süd Verlag AG, Gossau/Zürich, Schweiz; **S. 96** © Disney Enterprises, Inc., basierend auf den „Winnie the Pooh"-Werken © A.A. Milne und E.H. Shepard; **S. 97** Illustrationen von Dorothea Tust aus: Sarah Bosse: Kunterbunte Familiengeschichten. © ars edition, München 1998; **S. 98** Illustrationen von Silke Brix-Henker aus: Anne Steinwart: Hannes lässt die Fetzen fliegen. © 1993 by Edition Bücherbär im Arena Verlag GmbH, Würzburg; **S. 99** Illustrationen von Erhard Dietl aus: Christine Nöstlinger: Fernsehgeschichten vom Franz. Oetinger Verlag, Hamburg 1994; **S. 100** Illustrationen von Hildegard Müller aus: Sabine Jörg: Hallo Joko! Hallo Anna! © 1995 by Edition Benziger im Arena Verlag GmbH, Würzburg; **S. 103** Foto: blickwinkel/F. Hecker, Witten; **S. 104** Foto: NASA/JPL./Gov; **S. 105** Foto: Nordamerikanischer Indianerhäuptling (Prärie-Indianer) um 1900. CORBIS/Historical Collection; **S. 107** Illustrationen von Betina Gotzen-Beek aus: Cornelia Neudert, Marion Diwyak (Hrsg.): Monstergeschichten. © 2010 by Ravensburger Buchverlag Otto Maier GmbH, Ravensburg; **S. 108** Illustrationen von Jack Kent aus: J.K., Inge Meyer-Dietrich (Text) und J.K., Almud Kunert (Illustration): Achtung, Drachen! Lustige Drachengeschichten. © 2010 by Ravensburger Buchverlag Otto Maier GmbH, Ravensburg; **S. 109** Illustrationen von Erhard Dietl aus: Willi Vampir in der Gruselschule. © 2009 by Ravensburger Buchverlag Otto Maier GmbH, Ravensburg; **S. 110** Foto: Dagmar Binder; **S. 113** Illustrationen von Dorothea Tust aus: Dagmar Binder, Dorothea Tust: Fußball-ABC. Sauerländer, Mannheim 2010; **S. 121** Foto: Murat Türemis, Köln; **S. 124** Illustration von Sabine Lohf aus: S.L., Sibylle Sailer: Mein Kindergartenjahr. © 1996 by Ravensburger Buchverlag Otto Maier GmbH, Ravensburg.

Die Umi-Fibel

Erarbeitet von Martina Schramm
Ruth Thiele
Ursula Ricke

Beratung Ellen Riederer-Hecht
Silke Thiel
Sylvia Zimmermann-Budniak

Redaktion Martina Schramm

Illustration Dorothea Tust
Annette von Bodecker-Büttner
(S. 89, 101, 102, 103, 117, 122, 123)

Layout und technische Umsetzung Jana Faust

www.cornelsen.de

1. Auflage, 2. Druck 2015

Druck: Firmengruppe APPL, aprinta Druck, Wemding

ISBN 978-3-06-082592-9

PEFC/04-32-0928

PEFC zertifiziert
Dieses Produkt stammt aus nachhaltig bewirtschafteten Wäldern und kontrollierten Quellen
www.pefc.de

A a

B b

C c

D d

H h

I i

J j

K k

O o

P p

Qu qu

R r

V v

W w

X x

Y y

Au au

Ch ch

Sch sch

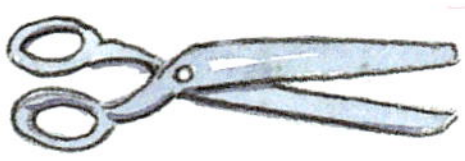

Ü ü

St st

Ö ö

Sp sp

Äu äu